© 2022, Christian Hofmann
Herstellung und Verlag: BoD – Books on Demand,
Norderstedt
ISBN: 9783755768425

Celina

Augenblicke fürs Leben

Kapitel 1 AUS BABYTAGEN

Aus Babytagen
In deinem kleinen Leben
Kinderaugen
Kleines Kinderherz
In einigen Jahren

Aus Babytagen

Wie du wächst, wie du groß wirst
Wie du spielst und lernst
Aus neugeborenen Babytagen,
du dich Stück für Stück entfernst

Erste Worte, erste Schritte
Das Deuten auf neue unentdeckte
Gegenstände
Du legst dein Vertrauen -
Deine kleinen in meine großen Hände

Schaust die Bücher an -
Tiere deren Geräusche du schon kennst
Vögel, Bienen, Bären, Katz' und Hund -
Die du in deiner kindlichen Sprache schon
benennst

Spielzeugautos und der Puppenwagen
Schaukeln am Spielplatz und im Sand,
die Sandförmchen vergraben - schön zu
sehen
All deine Freude an deinen Tagen

Deine strahlenden Augen
Und die Freude beim Schaukelpferd
Dein lieber Blick nach vorne,
wenn Papa das Auto fährt

Die Zeit vergeht, sie verläuft
so unaufhaltsam schnell - zieht vorbei
Bald bist du anderthalb -
Im nächsten Sommer schon bist du zwei

In deinem kleinen Leben

Das erste Mal laufen
Das erste Mal gehen
Deine ersten Wörter verstehen
Deinen ersten Schnee sehen

Das erste Mal die
Türen öffnen
Das erste Mal die
Türen schließen
Das erste Mal in die
Arme laufen und
das erste Mal in die
Arme schließen

Das erste Mal Witze machen
Das erste Mal über
deine kindliches Gefeixe
gemeinsam lachen

Das erste Mal soll
Papa sich verstecken!
Das erste Mal dann
Papa im Versteck entdecken!

Das erste Mal dein
Fläschchen in die Hände nehmen
Ganz eigenständig in
deinem noch so kleinen Leben

Das erste Mal, wenn Papa
dir das Buch zeigt,
sich an seinen Rücken
abstützen

Das erste Mal grinsend
frech und belustigt weggelaufen,
weil Papa möchte doch
dein Näschen dir putzen
Das erste Mal bei Müdigkeit
auf dem Boden liegen und wälzen
Kleines, du bringst mich zum Lachen,
zum Lächeln und zum Grinsen!

Das erste Mal, dass du
liebevoll und fürsorglich deine
Kuscheltiere fütterst, mit den
Worten "ham,ham"
Das erste Mal -
"Winke,winke" und Handkuss
deuten, wenn Papa geht
"Adda,Adda" -
Wenn Papa aus der Türe geht

Kinderaugen

Wie du wächst, wie du lernst,
deine eigenen Schritte zu gehen
Wie du dich freust, wie du strahlst,
so fein dir dabei zuzusehen

Deine zaghaft kleinen Schritte
Deine noch nicht zu verstehenden Worte,
die du dabei von dir gibst -
Wie fröhlich du dabei fiepst

Deine kleinen Schritte
Wie du noch etwas unsicher tapst -
Und zu Boden auf den Hintern fallend
plumpst
Durch dich wächst in mir Stolz, Stolz über
dich!
Den du noch gar nicht verstehst

Deine kleinen strahlenden Kinderaugen,
die kein Wässerchen trüben -
Die mir Hoffnung und Zuversicht geben,
ich schöpfe aus ihnen einen neuen Glauben -
Einen Glauben an das, was man selbst schon
verloren hat auf einem langen Weg!

Kleines Kinderherz

Wie du Tag für Tag wächst
und wie du Woche um Woche
doch größer wirst, wie du mit
deinen Kinderaugen all das Neue
dieser Welt für dich entdeckst

Du deutest Dinge
Du hast deine eigene Kindersprache
für alle Begriffe, die
du nun kennst und siehst

Du stolzierst durch alle Zimmer,
alle Räume entlang der Gänge -
Lachend, so voller Freude strahlend
Du bist ständig doch neue Dinge am
Entdecken, wie es nicht mehr so leicht
gelingt, immer alles vor dir
zu verstecken!

Wie du all die Türen von den
Schränken öffnest und schließt
Wie du den Ball fallen lässt und
ihn mit dem Fuß schon schießt

Du blätterst gerne in den Seiten
deiner feinen Kinderbücher und
du magst die mit den Geräuschen
doch am allerliebsten

Und du tollst herum,
du wuselst und läufst und
willst eine "Brücke" machen
Dabei hörst du "Lala" und räumst
aus den Kisten all deine so
geliebten Sachen

Und die Kuscheltiere sie
bekommen Küsse und werden gedrückt
Du kleines Kinderherz,
wie du mich immer wieder verzückst

In einigen Jahren

Dein kleiner berührender verzaubernder -
Verzückender Blick
Deine erleuchtend strahlenden Augen, die
voller
kindlicher Liebe schon wortlos so viel
erfragen

Wenn du mich eines Tages mal fragst
"Was ist wichtig und erklärst du mir die
Welt"!?
So schreibe ich dir heute schon, mit deinen
anderthalb Jahren; "Es ist kurios, denn bei
allen
Dingen und Taten, auch die Welt mir
gefällt"!

Das Wichtigste aber - und dies ist der Grund
Dieser alles im Leben bestimmt
Dieser bist du und bleibst du,
mein geliebtes Kind!

So schreibe ich dir heute -
Mit deinen anderthalb Jahren und
deinen leuchtenden Augen, die schon
so viel sehen und fragen

Ich schreibe dir zur Erklärung -
Für später in einigen Jahren
Auf alle Fragen im Leben, erdenke und finde
in dir
um deine Antwort zu sagen

Dieses Leben,
es ist an so manchen Tagen rätselhaft
Manchmal verblüffend - ohne Worte!
Auch sensationell und fabelhaft!

So schreibe ich dir heute -
Diese Zeilen allein für dich
Entdecke das Leben und traue dich,
erkläre es für dich!

Ich möchte dir all die Hoffnung
Auch die bunten Bilder nicht nehmen!
Unvoreingenommen sollst du doch,
dein eigenes Leben, leben

Für manchen Rat und für manche Frage -
Da stehe ich dir gern beiseite
Doch deine Wege gehst du vom ersten
Schritt -
In alle Ferne und Weite

Kapitel 2 KINDERGEDICHTE

Kindergedicht
Über Wald und Täler
Herbstgold
Die Jahreszeiten
Bunte Holzbausteine
Jahreszeit

Kindergedicht

Wenn die Vögel -
Durchs Sonnenlicht fliegen
und die Katzen in den
schattigen Plätzchen liegen

Wenn die Sonne -
Fröhlich am Himmel scheint
so reichen unsere Träume -
Bis zum Horizont so weit

Schmetterlinge
Sie flattern durch die Lüfte
Bienen, Wespen und Mücken -
sie folgen den herrlich süßen Düften

Im schönen warmen Sommerwetter
Draußen über Wiesen entlang spazieren
Durch Wälder über Wege, dieses ganze
tolle Leben bewusst doch spüren

Über Wald und Täler

Zur selben Zeit in jedem neuen Jahr
So tritt er an die Türe ran -
Er steht vor all den Kindern da
Der Weihnachtsmann in seinem roten
Mantel

Mit der Rute und auch
dem schweren Sack
So erfreuen sich die kleinen Kinderlein,
was er alles doch da bei sich trägt und
bei sich hat!

Süßigkeiten, Nüsse
So mancherlei Leckereien
Diese er den Kindern schenkt und sagt;
"Greift in den Sack hinein"!

Jahr für Jahr
So ist seit ewiger Zeit schon,
dieser alljährliche
wiederkehrende Brauch

So besucht der Weihnachtsmann
auf den Winterwegen
All die lieben Kleinen, die warten
dann Zuhaus'

Jedes Jahr der sechste Tag
im kalten Dezembermonat ist er unterwegs
In der Weihnachtszeit, wenn Schnee, Frost
und Eis sich über Wald und Täler legt

Herbstgold

Nebelgrau bedeckt den
endenden Sommer

Wie all die Blätter tanzen
im herbstlichen Wind -
Welche als Laub zu Boden
auf den Grund gefallen sind

Das blühende und
das grünleuchtende Leben,
sie einst waren
Sie werden nun zum Herbstgold
rot, gelb, braun, so bedecken sie die
Straßen, die wir begehen und befahren

Es ist die vorweihnachtliche Zeit
kalter Tage und frühanbrechender
Dunkelheit
Forst überkommt Dächer und Gestein
Lichterketten bringen in dieser Zeit -
Wärme zur Menschen Besinnlichkeit

Unverkennbar -
So ist der November
Der angehende Winterschlaf bis
zum Erwachen im Frühling des
neuen Jahres -
Die Freude auf sonnige Tage,
die wir herbeisehnen, auf diese wir
geduldig warten

Die Jahreszeiten

Später Herbst
Fast Winterbeginn
Sankt-Nikolaustag

Heiligabend -
An diesem erscheint
das Christkind

4 Wochen vor Weihnachten
Die Sonntage - Advent
4 Kerzen am Kranz, auf dem
jede bis Heiligabend brennt

Nach Weihnachten
kommt das Jahresende
Nach diesem dann, Neujahrsbeginn
Wieder 365 Tage Zeit, fürs
Verfassen neuer Bücherbände

Die 4 Jahreszeiten -
Sie stehen wieder im neuen Schein bevor
Winter, Frühling, Sommer, Herbst
Jeder Monat, hebt seine Stimmung hervor

Winterkälte
Schnee und Eis
Frühling
Da blüht wieder alles auf

Sommer
Sonnenlicht, lange Tage
Diese fängt
der Herbst dann wieder auf

Zeitumstellung
Eine Stunde vor
Und eine Stunde
dann wieder zurück

Jeder einzelne
Augenblick
Er vermag seinem eigenen
Glück

Bunte Holzbausteine

Die Kinder alle fleißig lernen
So kunterbunt mit dem Wortlaut
Schon in Kindertagen, wenn im Raum
ein jedes Kuscheltier zuhört und
nicht schlecht staunt

Die Kinder sie lernen
Sie verstehen und begreifen
Sie sind in den Kinderbüchern schon,
auf des Lebens Entdeckungsreise

Im Wald, im Wald
Da springt der Fuchs, der Has',
das Reh
Am Meer, am Meer
da schwimmt der Fisch, es fliegt
die Möwe über die See

Im Garten, da blühen Blumen
Rosen und es wachsen Bäume
Kleine und auch große
So hoch über Türchen und auch Zäune

Am Bauernhof, da leben
Pferd, Hund Katz' und Maus -
und Huhn
Auch Schafe, Kühe und
die Schweinchen, der Bauer -
Er hat viel zu tun

Mit all den bunten Holzbausteinen
Mit ihnen bauen wir die Landesflaggen
Nach und nach die nächste eine -
Und schon lassen sie sich schön vereinen!

Wir bauen Schweden
Dann bauen wir Irland
Dann bauen wir Spanien und
darauf folgt Italien

Dann bauen wir Österreich
Dänemark auch noch zugleich
Norwegen und Frankreich
Deutschland und auch Belgien

Nigeria, Kolumbien
Brasilien und Bulgarien
Dazu noch Rumänien und -
für alle noch nicht erwähnten Länder,
wir noch bunte Bauklötzchen holen -
Weiter geht es dann mit Polen

In der Schule, in der Schule
Da lernen die Kinder dann das
Ein mal Eins und das ganze
ABC

Und zum Zeichen
und zum Malen, auch Streiche sie
spielen den Lehrern oje,
oh weh - oh weh

Jahreszeit

Die Käfer fliegen
mit den Bienen -
Auch die Vögel,
in die Ferne ziehen
Sie kommen wieder
zu ihren Jahreszeiten
Weil die Zeiger der Jahresuhr
nicht stehen bleiben

Auch die Bäume,
sie werden grün
Deren Blätter dann -
Goldgelb und rötlich-braun
Fallen diese Blätter,
dann kommt die Zeit
vom schönen Wintertraum

Jedes Jahr
zur Winterzeit
So legt die Welt sich
zum Winterschlaf
Jedes Jahr
im Frühling -
Erwacht und blüht
das Leben neu

Kapitel 3 ERWACHSEN WERDEN

Lauf
Erinnerungen sind wie Mauerwerke
Stück meines Lebens
Herzenswunsch
Mal einen Moment
So wie ich war
Selten geworden
Sommerherz
Knistern/Mondblumen
Herzensangelegenheit
Deine Welt
Auf deine Fragen

Lauf

Du siehst all die Anderen,
die ihre Träume leben
Deine aber -
Diese möchte man dir zerreden

Deine Ziele
Diese möchte man dir streitig machen
Eingespeist in alle Zwänge
Lauf zum Ausgang, zum Gang der Gänge

Denn du weißt -
Dein Herz ist riesig groß
Du weißt was du willst und brauchst
Viel Gefühl und gegenstandslos

Die Freiheit nicht nur
im Namen berühren!
Du willst sie leben
und auch spüren!

Lauf! Lauf!
Setze nicht ab, schaue nicht zurück
Lauf! Lauf!
Dein Herz kennt den Weg ins Glück!

Lauf! Lauf!
So weit wie du nur kannst
Lauf! Lauf!
So verlierst du deine Angst!

Um zu entkommen
musst du fliehen
Du musst fliehen
um zu entkommen!

Erinnerungen sind wie Mauerwerke

Erinnerungen sind wie Mauerwerke
Fein und sorgfältig gesetzt
Gedanken sind wie Stockwerke,
welche das Haus ergänzen

Gefühle sind wie das Dach
Sie schützen das ganze Bauwerk
Träume und Ziele sind die Pfeiler,
die es stützt
Und gegen Sturm und Zerfall,
so fürsorglich doch schützt

Menschen sind Geschichten,
welche die 4 Wände stets erzählen
Entscheidungen sind die Wege,
welche wir im Leben auch wählen

Gegenstände beschreiben die Zeit
Rissig, staubig, verblasst berichten sie
von lang vergangener Zeit, welche
den Namen trägt Vergangenheit

Stück meines Lebens

Für mich ist das Texten,
das Dichten wie durch einen botanischen
Garten zu gehen
All die Worte in aller Pracht,
in ihren Reimen, sie sind wie
Blumen die blühen

Das Texten
Das Dichten
Es ist wie das Fachwerk dieser
Fachwerkhäuser die einst schon
Menschen errichteten
Poesie und Lyrik zu lesen,
es ist ein wohltuender Vorgang
Ich danke all den Poeten und
den Dichtenden

So sitze ich auch selbst
heute hier
Ich habe Füller, Feder, Tinte und
auch mein Papier
Schreibe wieder ein Stück
meiner Lyrik
Stück meines Lebens, ein
sagenhaftes Glück

Herzenswunsch

Lieber Gott
Bitte höre mich an, bitte höre mir zu
Ich muss dir etwas erzählen
Nur wir beide - ich und du!

Bei allem was war
Und bei dem was nun ist
Nichts erscheint mir dringlicher als,
dieser Lebenstext!

Du weißt ich trage tief im Herzen
meinen Herzenswunsch
Niemand weiß ihn besser, außer dir
und mir, also außer uns!

Bitte leg mir Steine in die Wege!
Ich trage mein Kreuz in der Quere!
Ich ertrage Last und Leid, mein Herz
erträgt Kummersorgen und Schmerz!

Bitte, bitte - ich bitte dich um
nichts mehr, mehr als dies im Leben
Beschütze mein Kind -
Bei meinem eigenen Leben!

Schenke bitte Licht und Zuversicht
Ich ertrage dafür die Dunkelheit!
Vergeude nicht deine Güte und Gnade an
mich,
schenke bitte in aller Liebe - meinem Kind
Licht und Zuversicht!

Ich werde die Lasten tragen
Qual und Trauer an meinen Tagen!
Doch bitte, bitte lass das Herz meines
Kindes in deiner Güte Freude schlagen!

Selbstlos wünsche ich mir nichts mehr
als diesen Herzenswunsch so sehr!
Ich ertrage es, werde Steine und Hindernisse
akzeptieren!
Bitte, bitte - lass mein Kind in deinem
Frieden leben!

Ich bete nicht für mich!
Ich bin es des Lebens gar nicht wert!
Ich liebe mein Kind über alles!
Der Herzenswunsch liegt mir auf dem
Herzen so schwer!

Tränen die ich weine
Ich weine sie nicht um mich!
Ich weine sie um die Bitte,
für Liebe, Licht und Zuversicht!

Es tut mir leid -
So vieles tut mir so
unendlich - unbeschreiblich
leid!

Der richtige Moment,
der kommt wohl nie, um auszusprechen
was ich sagen muss -
Dafür nehme ich mir jetzt die Zeit!

Wie auch das Leben verläuft
Was die Zeit auch bringt
Du bist und bleibst für immer doch
mein geliebtes Kind!

Richtige Worte zu finden -
Sie fallen mir so wahrlich schwer
Ich möchte, dass du glücklich wirst
Jeden Tag, dies wünsche ich dir wirklich
sehr!

Nichts wünsche ich mir wirklich mehr
Bitte Gott, ich bitte dich so sehr!
Nichts ist mir von höherer Bedeutung
Bei meinem Leben - ich bitte dich -
Sinn meines Lebens - meine Kleine!
Ich danke für das Verständnis,
um diese Erleuchtung!

Ich liebe dich!
Weil ich dich für immer im Herzen trag!
Mein Herzenswunsch -
Gott beschütze dich an jedem neuen Tag!

Mal einen Moment

In ruhigen Momenten all die
Gedanken sacken lassen
Blockaden auflösen und
neue Ziele ins Auge fassen

Mal einen Moment die
Auszeit nehmen
Raus aus der Schnelllebigkeit,
die da heißt LEBEN

Lass die Bilder ziehen
Auch die Gedanken gleiten
Schaffe leere Rahmen um wieder
neue Werke zu reimen

In all der Hektik
Bei all dem Stress vom Tag -
Mal wieder paar Sekunden,
wo die Seele durchatmen mag!

Mal einen Moment, wo
Herz und Seele ohne Überschlag
das Leben als auch
lebenswert wahrnehmen!

Mal einen Moment, wo
die Nerven nicht aufreiben
Mal längere Zeit wieder Ruhe -
Darf sie wieder mal bleiben!

So wie ich war

So wie ich war, so werde ich
in deiner Erinnerung bleiben
Jedes Bild, jeder Moment -
Beschreibt die gemeinsamen Zeiten

Doch irgendwann einmal
ist mein Weg zu Ende
Dann wirst du dich erinnern
und sagen; "So war mein Papa,
ja dies war er"!
Und dies ließ er mir zurück,
als ewige Erinnerung!

Dies soll dir um Gottes Willen
nicht das Herz zerreißen -
Es soll dich stets, wenn ich nicht
mehr da bin, deines Weges begleiten

Und spüre ich auch einen Kummer an
Traurigkeit, ich bewahre ihn in einer
Träne auf
Diese werde ich freilassen im Namen der
Freude und Dankbarkeit für dich!
So steige ich an meinem letzten Tag
zu Gott in den Himmel auf!

Diese Träne, der Kummer und
Traurigkeit vergeht, wird Freude sein
Die Sonne strahlt, weil du das
schönste Geschenk meines Lebens warst!

Selten geworden

Selten und wertvoll -
Darum gütig betont in
unserem Lebenslauf

Es gibt Menschen
denen wir begegnen,
bei ihnen geht uns das Herz
doch sanftmütig auf

Es ist sehr selten geworden
in dieser Zeit und aus diesem
Grund so muss ich festhalten -
Weil es sich lohnt, dass ich dir
diese Zeilen hier schreibe

Bei all der Hektik und bei
all dem Stress -
In guten Zeilen man die Zeit
zu schätzen doch nicht vergisst

Festzuhalten jedes Wort -
In einem Gefühl
So verziehen die grauen Wolken
und von selbst, so legt sich
der Rest

Bin ich in einem Rausch,
in dem ich einen Moment beschreib`?
So bin ich ungreifbar, ziehe weiter,
weil ich nicht verharre, weil ich
nicht bleib'!

Ich ziehe immer weiter
Ich bleibe nicht da
Ich bin begreiflich -
Nicht zum Greifen nah!

Sommerherz

Zartes blühendes Sommerherz
Ich weiß um deine Schwere in
der Kälte im Winterschmerz
In der Dunkelheit bewegt es sich schwer

Deines Sommers Freude,
sie fehlt gerade im November
am Totensonntag heute -
Die Tage sind so traurig leer

Sommerherz, Sommerherz
Deine Tage werden wieder kommen
Sommerherz, mein Sommerherz
Du wirst die Tage wieder besonnen

Wenn auch Frost und Eis
dein strahlend warmes Herz bedeckt
Im Frühjahr wirst du deines
Winterschlafes wieder sanft geweckt

So halte durch, oh halte durch
Alles geht vorüber, die Zeit,
Trauer und Kälte halten an -
Aber niemals für die Ewigkeit

Knistern/Mondblumen

Verharrend und stockend im
betrieblichen, gesellschaftlichen
Tagesablauf auf den beengten Straßen
des dichten Verkehrs -
Wo man das Leben nur so schweratmig
spürt und fühlt

Aus diesem Kreislauf
immer mal wieder ausbrechen
Auszeiten nehmen, dass Sinne
nicht ganz und vollkommen vernebeln!

Des Lebens Flackern,
des Lebens Flickern,
des Lebens Knistern -
Wieder mal fühlen, in dem Moment
in dieser Wahrnehmung in dem
Rausch bleiben, sich verlieren!
Einfach mal wieder leben
Wieder mal "SEIN"
Mal wieder fühlen, Gedanken
fließen lassen, keine Angst haben,
sich keinen Stress machen -
an irgendetwas von so hoher Wichtigkeit
zu verpassen!

Einfach leben
Einfach fühlen
Das Leben schätzen
Das Leben spüren

Das Leben so wie es ist
auf Haut und Atem legen lassen,
als würde man unbeschwert, total
befreit mit den Händen übers
Feld der Mohnblumen fassen!

Da ist nichts als Leichtigkeit
Das Wohlgefühl ist spürbar
Dem Leben wieder nah sein
Dem Flickern, dem Flackern
Dem Herzbibbern, dem Herzflattern

Lebensgefühl aus Neugier und
der Entdeckungslust
Es ist das Knistern, das Streichen
durch Mohnblumen -
Es fühlen, das Leben, welches
man wieder leben muss!

Herzensangelegenheit

Es ist mir eine
Herzensangelegenheit,
dass ich dir dieses Buch
für dich hier schreib'

Alle Texte und Zeilen
für dich verfasst für
deine Kindertage und auch
wenn du Erwachsen wirst, du
von diesem Buch noch etwas
hast

Deine Welt

Gehe und zeichne
all deine Wege selbst
Bei allem du auch tust, es
ist wichtig, dass du dir
selbst gefällst!

Deiner Wege Schritte
kreierst du alle ganz
frei und eigen,
die Ziele die du hast und
verfolgst, kann dir niemand
anderes nehmen und nicht zeigen!

Deine Gedanken
Deine Gefühle
Deine Bilder, sie zeichnen
ganz allein deine Welt

Ob wahr wird, was du
dir wünschst und träumst
Dies liegt allein nur,
immer bei dir selbst!

Auf deine Fragen

Weil ich weiß, dass ich auf all deine
Fragen, nicht immer eine Antwort geben
kann, weil es Fragen gibt, die auch niemals
beantworten werde
Dennoch mache ich mir jeden Tag doch
meine Gedanken, wie ich dir die Welt
plausibel und bestmöglich doch
immer stets erkläre

Nicht alles im Leben verläuft nach Wunsch
oder nach dem gemachten Plan
Manche Züge dieses Lebens, sind nicht
gesteuert fest in der Richtung die sie fahren

Wenn man auch so bedacht und mit selbst
angenommener List Pläne schmiedet
Das Leben kommt manchmal anders als es
dir lieb ist, weil sich deiner auch noch so gut
durchdachten Lebenspläne sich
verabschiedet!

Sei nicht traurig um diese Erkenntnis
Trag keine Tränen, weil es so ist
Freue dich, dass du lebst, es ist Geschenk,
dass du genauso lebst und bist wie du bist

Kapitel 4 VON MIR FÜR DICH
(IN ERINNERUNG AN DEINEN PAPI)

In den Worten
Zu den Sternen
Bei jeder Bratwurst
Novembertau
Wintersonnenwende
Wahre Freude
Deine Träume und Ziele
Unbeschwertes Kinderglück
Wie du lernst
Für C.
Anker und Felsen

In den Worten

Ich will mich in den Worten verlieren
Um mich im Gefühl wiederzufinden
Ich will in Reimen und Versen sprechen
Um Felsen und Hindernisse zu überwinden

Ich will mich verlieren -
In aller Sprache Wort
Dass niemand mich findet,
an jenem Ort

In den Worten verlieren, um zu sein
Die Wahrnehmung aller Sinne
Meine Wohlbefindlichkeit, wenn alle
sagen; "Ich spinne"

Ich fühle mich wohl, gar wie zu Hause,
im Verlust all der Wörter
Ich kann nicht erklären um des Gefühls
Wohltat,
wie sehr ich es auch versuche und erörter'

Es ist ein Rausch, eine Besinnlichkeit
Weit entfernt von Leben und Tod, Raum
und Zeit

In den Worten verlieren, so kann ich -
muss ich - will ich -, das Leben spüren!

Ich kann nur atmen gleichbleibend ruhig
Ganz sachte, sanft und fein -
Wenn ich mich in den Wörtern verliere
Versucht bitte nicht zu verstehen,
was ihr niemals begreift!

Wir alle sprechen aus
und zwar Tag für Tag
Die Worte in unserer Sprache,
schal, sanft, zart, doch auch hart!

Mich fesselt das Schreiben,
des Wortes Aussagekraft!
Was übt doch die Sprache auf mich aus,
welche eine Wundermacht!?

In der Poesie, in der Kunst,
in jeglicher Art von Gedicht
Die Sprache der Lyrik, die mir
aus dem Herzen doch spricht!

Vielleicht ein Meisterwerk verfasst!?
Geschrieben mit meiner Hand
Aber so unnahbar, unerklärlich -
dieser innerliche euphorische Flächenbrand!

Zu den Sternen

Immer abends, wenn ich
wach liege und ich dann hinaufschaue
zu all den Sternen
Dann kommen mir Erinnerungen nah,
die mir sonst allzu fern sind

Ich träume und ich versinke
in Gedanken
Jetzt wo ich hier liege, denke ich nach
"Wo warst du nicht schon überall,
wo hast du schon gestanden"!?

Un die Zeit, sie fließt
wie aus dem Lauf mit so hoher
Geschwindigkeit
Sie schießt an mir, an dir, an uns vorbei -
Ja, alles was bleibt ist ein -
"Auf ewig vorbei"!?

So kommen Gedanken
Und sie vergehen wieder
Die nahen und die fernen
Es ist wie jeden Abend, wenn
ich hoch hinaufschaue
zu all den Sternen

Bei jeder Bratwurst

Beim Genuss einer jeden Bratwurst
Da bekomme ich einen wahren
Gefühlsumbruch

Das Essen einer Bratwurst
an der Würstchenbude
Es erinnert mich zurück, in Zeiten
meiner Kinderstube
An jene Momente auf dem
Fußballplatz
Bei herrlich schönem Wetter, ein
Nachmittag den ich dort mit
meinem Vater verbracht hab'

Der Biss und der Geschmack
mit frischem Senf - dabei
Armes Tier! Ich auch denk -
Es tut mir leid!

Doch ich denke an der
Würstchenbude an eine gute
verstaubte udn verstaute Zeit zurück
Gefühlsumbruch, von einer Sekunde auf
die andere, bin ich doch wieder das Kind
für nur einen Augenblick!

Die Sonntagnachmittage
als Kind vom Dorf, am Sportplatz verbracht
Was es doch für eine tolle Zeit war,
habe schon so lange nicht mehr an sie
gedacht

Und heute ist es so,
wenn mich manche Nacht nicht schlafen
lässt
Dann zücke ich ein Stück Papier und halte
nach und nach diese Erinnerungen fest

Herzstechen, Herzpochen
Herzrasen, Herzklopfen
Manche Nacht, ja -
Sie hält mich wach

Gedanken und Erinnerungen,
die dann nach einem
Alltagsgrau in meiner Traurigkeit
sanft anklopfen

Novembertau

Es ist ein Sonntagnachmittag
Ich sitze am Tisch und schreibe
diesen Vers
Mein Blick weicht aus dem Fenster
goldgelbe und braune Blätter fallen
zu Boden, es ist Herbst

Der Wind weht sanft,
doch er ist so frisch und kalt
Ich schaue in die Ferne
und ich bestaune, betrachte den
herrlich schönen bunten Wald

Zwar schneit so schön und fein,
die Sonne am heutigen Tag
Doch die Jahreszeit wird neblig,
rau, feucht und grau
Der November ist der Monat,
den ich nicht so sehr mag

November im Tau
Dezembertraum
Das Neujahr kommt
Ich erwarte es kaum

Neujahr, Frühling
Das Leben blüht
April bis Oktober -
Es ist mein Lebensgefühl

Wintersonnenwende

In der frostig kalten
Winterjahreszeit, da sind
Winterzauberträume nicht weit

Schneeflocken und
Eiskristalle sie verzieren eine
magische und einzigartige Zeit

Und dieser eine Tag,
im Dezembermonat
Dieser bringt für die kommende Zeit,
so herrlich hell scheinende Sonnentage
denn,

der Winter schmilzt hin –
zu seinem Ende
Jedes Jahr im feinen Winterzauber zur
Wintersonnenwende

Wahre Freude

Wahre Freude die ich noch verspüre,
welche mich im Leben noch wirklich
berührt, ist zu sehen –
wie du wächst, wie du lernst
Zu sehen, was aus dir wird

Schön ist es mit anzusehen,
wie du noch diese Welt entdeckst
Wenn du erstmal flippst,
flitzt, fangen spielst und dich versteckst

ja, bei diesen Gedanken,
beim Schreiben dieser Zeilen geht mein Herz
auf!
Ich wünsche dir, dass es dir immer gut
ergeht, dass du dich jederzeit freust,
dies wünsche ich dir auch

Ich wünsche dir von ganzem Herzen
in deinem Leben wahre Freude
Ich wünsche dir, möge dein Herz sich an
den schönen Dingen erfreuen

Ich könnte und würde dir so gern, noch so
viele und endlos Zeilen verfassen
Geschrieben habe ich sie heute, dann und
wann, um sie dir für dein Leben lang zu
hinterlassen

Deine Träume und Ziele

Was wird aus dir werden?
Welche Wege wirst du mal gehen?
Es ist, ganz allein dein Leben –
Wenn du deinen Weg für richtig hältst,
dann bleibe nicht stehen!

Wenn deine Träume, deine Ziele,
dein Glaube dich trägt
Wenn du es von Herzen fühlst, dann tu's!
Egal wie das Leben dich auch prägt!

Und wenn man dir deine Wege verwehren
möchte, doch sie für dich die richtigen sind,
dann halte den Kopf hoch auch im Regen
und den stärksten Gegenwind!

Ich weiß du schaffst es!
Du gehst deinen Weg
Ich weiß es, weil ich an dich glaube!
Und du weißt, dass ich dich lieb'!

Alles, was für dich zählt ist,
dass du an dich und deine Ziele glaubst!
Auch wenn dieses Leben dir,
manches Mal die Hoffnung raubt!

Unbeschwertes Kinderglück

Am Ende deines Buches, so kehre ich
nochmal zum Anfang zurück –
Zu deiner kindlichen Freude, zu deinem
unbeschwerten Kinderglück

Wie niedlich und freundlich du all
die Wörter lernst und sprichst
Das Strahlen deiner Augen, welches du
auch in mir da weckst!

„Kieke, Esel, Bär und
Jäij – die Katze" – sie macht „Miau"
Und das Schäfchen es macht „Mäh"
Und der Hund er macht „Wau-Wau"

Wie du voller Freude und Neugier das
Öffnen der Schubladen entdeckst
Wie anfängst all die Dinge zu ergreifen, die
dann auch noch versteckst!

Dein erstes Stückchen Schokolade, das du
gegessen hast –
Mit dem Finger dann gedeutet und gesagt;
„ham", was heißen soll; Ich möchte noch
ein Stückchen davon haben"

Wie du lernst

Deine strahlenden Augen und dein süßes,
freches Grinsen, wenn du bei „Nein" nicht
hören willst.
Wie du auf die Sachen deutest, fordernd
quengelnd, ja du weißt was du willst!

Wie du im Buch auf die Dinge deutest, die
ich dann immer benennen soll
Wie du all die Wörter langsam zu sprechen
lernst, dieses Gefühl ist unbeschreiblich toll!

Beim Spazierengehen, Ada-Ada-ratta-ta
Deine Worte ta-ta-ta
Dein Nein, dein Ja-ja, und Naaaa
Waw, Waw so macht der Hund
Tick-Tack macht die Uhr, rund um jede
Stund'

1,2 und du sagst die – ja es ist deine 3
Und Jäij die Katze und Kieke die Vögel –
Wie du immer zu gern Türen und
Schubladen öffnest…

Weist schon mit den Händen ab, wenn du
etwas nicht magst

Wie du deuten kannst, die Haare, die Nase,
die Stirn, das Ohr und den Mund –
Wie viel du lernst, an jedem neuen Tag!

Und die Heizung ist „heich" ´, ja sie ist heiß!
Und ich möchte, dass du immer weißt:

Auch wenn du mal älter wirst, zu jeder Zeit
Werde ich versuchen da zu sein – für dich!
Auf Brechen und Biegen, der Welt –
Werde ich dich immer lieben mein Kind!

Auch wenn wir vielleicht später mal
verschiedener Meinungen sind, wir mal
nicht miteinander sprechen sollten, wenn ich
auch mal schimpfen muss, du sollst wissen,
ich werde dich für immer lieben!

Dieses Buch schrieb ich dir, weil ich leider
nie der Vater sein konnte und kann, der ich
gerne gewesen wäre –
Doch bei allem was kommt, du bist meine
Kleine, auf Brechen und Biegen der Welt,
ich werde dich immer, solange ich lebe doch
lieben!

Für C.

Christian Hofmann, Lyrics 06.02.2022

Wie tief die Wolken auch vom Himmel
über dir hängen,
wenn du auch begehen musst die
niedrigen, die tiefsten Gänge

Wenn jede Hoffnung dir zu fern erscheint,
dann erinnere dich daran, was dein Papa dir schrieb
und schreibt und in deinem Herzen bleibt;

Die Sonne, sie geht immer und immer wieder auf!
Selbst in den noch so dunklen Stunden,
wenn man es nicht mehr glaubt!

Kein einziger getaner auch noch so kleine Fehler
bedeutet es ist alles zu Ende!
Denn wir alle lernen aus ihnen, noch heute im Alter,
du, ich, einfach jeder!

Aus allem im Leben lernen wir –
So weiß ich auch, darum schreibe ich dir
Weil ich dich nicht für immer und vor allem
beschützen kann, so viele Zeilen sind nur für dich,
denke immer stets daran

Zuversicht lernt sich erst mit der Zeit
Vertrauen schenken wir manchmal zu schnell, zu
leicht!

Ich will dich nicht belehren –
Nur auf eines gib gut acht
Entscheide über die Dinge,
gut und wohlbedacht

Ich weiß, du gehst deinen Weg
Denn in dich vertraue ich so sehr!
Ich liebe dich mein Kind,
wie sonst auf der Welt nichts mehr!

Anker und Felsen

Christian Hofmann, Lyrics 04.02.2022

Ich würde dich gern beschützen,
dich vor allem bewahren!
Vor den dunklen Stunden und
vor allen Gefahren!

Nichts möchte ich mehr schützen als dich
Nicht mal mein eigenes Leben!
Ich will sehen, wie du groß wirst, wie du
wächst – mit dir flippen und reden

Ich möchte dir Geschichten erzählen können
Aus Büchern möchte ich dir vorlesen
Mit dir Bilder malen in den buntesten Farben –
Mit dir durch die Welt und Zeit reisen

Ich möchte da sein, wenn du nach mir fragst
Ich werde dir helfen, wenn du mich brauchst
Ich versuche dich zu fangen, wenn du sagst;
„Fang mich" und dann davon saust

Ich möchte die Ruhe in deinem Sturm sein
Dein Anker, dein Felsen und wenn du mal weinst,
versuche ich Trost dir zu spenden, dass du siehst
alles geht weiter, bis du es weißt

Möge der liebe Gott dich deiner Wege begleiten
Dich behüten und schützen zu allen Zeiten
Soll er da sein und wenn alle Dinge mal zu,
zerbrechen scheinen bei dir bleiben